この本について

- ディズニー映画のストーリーで英語を楽しみましょう。知っているキャラクターの名前や、物語のポイントをこの本で探してみましょう。

- この本の最後で、ストーリーのなかに出てきたアルファベット、単語、会話表現について紹介しています。絵と文章を見直しながらくりかえし読んでみましょう。

- この本では、英語の初心者の学習のためになるべくことばの数を少なくし、あえて単純な表現を使っている場合があります。

- **Words** は文章に出てきた単語や熟語の日本語訳です。主語が "I"(私)や"You"（あなた）以外で1人のときなどに、動詞の形が変わることがあります。
  (例) I meet Anna.
  　　 You meet Elsa.
  　　 Elsa meets Olaf.
  このような場合、**Words** ではmeet(s)と表記しています。

- 学習に役立ててもらうために日本語訳はなるべく直訳で表記しています。映画のDVDやBlu-rayなどの音声や字幕とは、ことなる表現になっている場合がありますが、あらかじめご了承ください。

英語で楽しもう ディズニーストーリー ❹

【監修】荒井和枝
筑波大学附属小学校教諭

Judy Hopps is a bunny.
She is a police officer of Zootopia.

Words: Judy Hopps ジュディ・ホップス　bunny ウサギ　police officer 警察官
Zootopia ズートピア（都市の名前）

Nick is a fox.

He tricks Judy.

Words ■ Nick ニック ■ fox キツネ ■ trick(s)〜 〜をだます

Mr. Otterton is an otter.

Judy asks Nick to find Mr. Otterton together.

Within 48 hours!

Words
- Mr. Otterton オッタートンさん
- otter カワウソ
- ask(s)~to… ~に…することを頼む
- find~ ~を探す、~を見つける
- together いっしょに
- within~ ~以内に
- 48 hours 48時間

Judy and Nick meet Manchas the jaguar for questioning.

Words
- meet~ ~に会う
- Manchas the jaguar ジャガーのマンチャス
- for ~のために
- questioning 質問、尋問

Suddenly, he attacks them!

"Officer Hopps to Dispatch! Listen to me, jaguar turns savage!"

Words	suddenly とつぜん	attack(s) ～をおそう	Officer Hopps ホップス巡査(じゅんさ)
	Dispatch 指令課(しれいか)	listen to ～を聞(き)く	turn(s) ～になる	savage 凶暴(きょうぼう)

But when Chief Bogo arrives, Manchas is not there.

Chief Bogo tells them to stop the search.

"We still have 10 hours left to find Mr.Otterton."

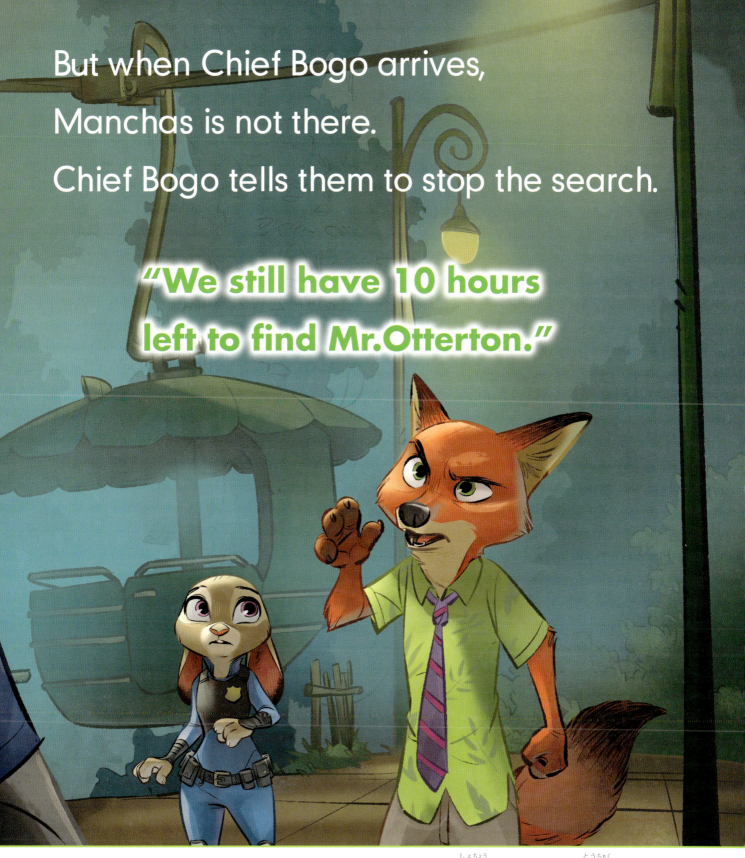

Words ■ but しかし ■ when 〜したとき ■ Chief Bogo ボゴ署長 ■ arrive(s) 到着する ■ there そこに ■ tell(s)〜 to… 〜に…すると言う ■ stop〜 〜をやめる ■ search 捜査 ■ still まだ ■ have〜 〜をもっている、ある ■ left 残っている

Judy and Nick find a clue.
At last, they find Mr. Otterton.
Also Mayor Lionheart.

He is arrested for kidnapping animals.

Words　■ clue 手がかり　■ at last ついに　■ also~ ～もまた　■ Mayor Lionheart ライオンハート市長
■ arrested 逮捕される　■ kidnapping 誘拐　■ animal 動物

Mr. Otterton and the others are saved.

But Judy makes Nick angry with her words. Then he leaves her.

Words
- the others そのほかの
- saved 保護される
- make(s) ~ angry ~を怒らせる
- with ~で
- words ことば
- then そして
- leave(s) ~ ~のもとを去る

Bellwether becomes mayor. But Judy quits the police force. Then she goes back to her hometown.

Words
- Bellwether ベルウェザー
- become(s)〜 〜になる
- quit(s)〜 〜を辞める
- the police force 警官隊
- go(es) back to〜 〜に帰る
- hometown 故郷

Judy returns to Zootopia.
She apologizes to Nick.
They are partners again!

Words
- return(s) to~ ～にもどる
- apologize(s) あやまる
- partners 相棒（あいぼう）
- again もういちど

Judy and Nick search for the criminal. They find a suspicious ram.

Words ■ search～ ～をさがす ■ criminal 犯人（はんにん） ■ suspicious うたがわしい ■ ram 雄（お）ヒツジ

He makes the dangerous flowers into juice.

Words ■ make(s) ~ into… ～から…をつくる   ■ dangerous 危険な   ■ juice ジュース

"Trust me. Speed up!"

Judy and Nick start the train.

Words ■ trust~ ~を信じる　■ speed スピード、速度　■ up 上げる　■ start~ ~を出発させる
■ train 列車

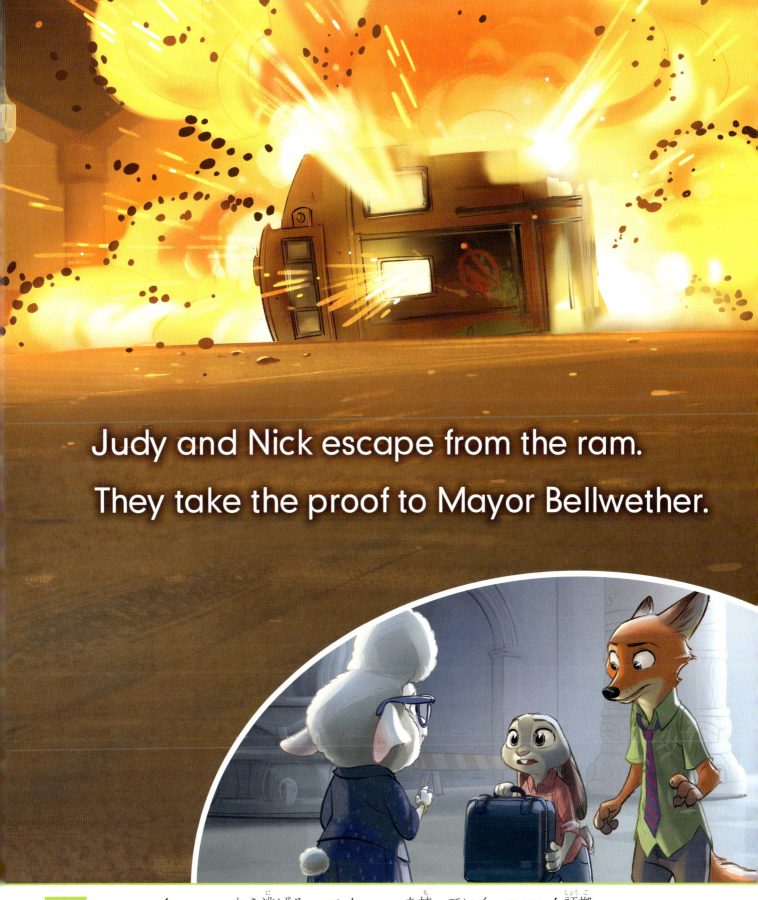

Judy and Nick escape from the ram.
They take the proof to Mayor Bellwether.

Words ・escape from〜 〜から逃げる ・take〜 〜を持っていく ・proof 証拠

But the true criminal is Bellwether.
Bellwether shoots Nick!
He turns savage!

Words ■ true ほんとうの   ■ shoot(s)～ ～をうつ

Bellwether tells the rights of the case.

Words ■ rights 真相

Suddenly, Nick stops moving.
They record Bellwether's speech!

Words ▪ moving 動き ▪ record 〜を録音する ▪ speech ことば

Chief Bogo and police officers come.

Bellwether is arrested.

Soon after that,
Nick becomes a police officer.

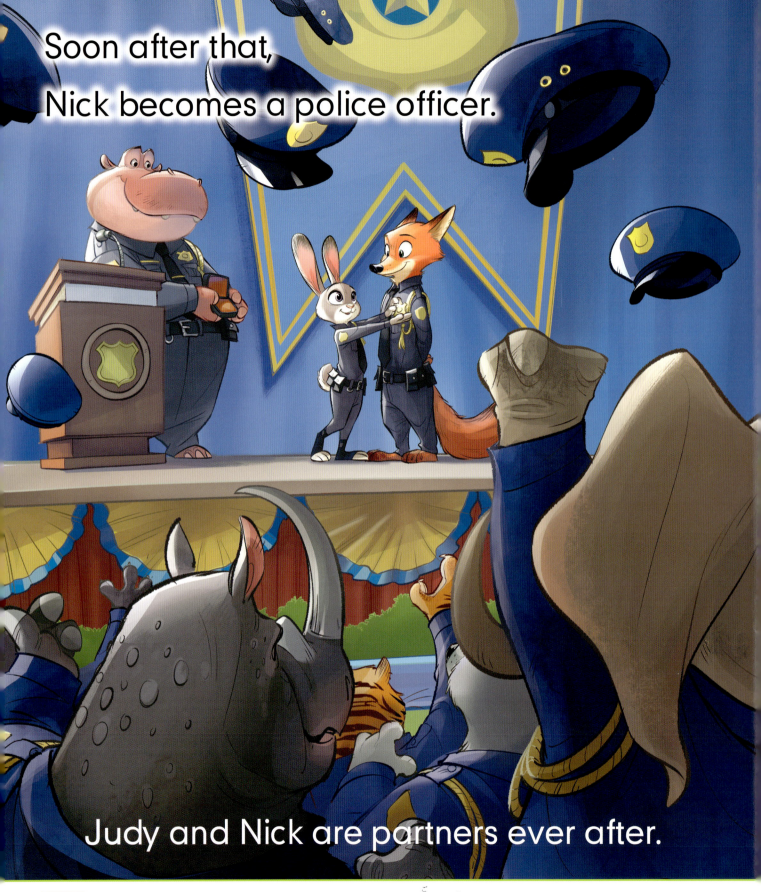

Judy and Nick are partners ever after.

Words ● soon after ～からまもなく ● ever after その後もずっと

日本語に訳してみよう！

本文の英語を日本語に訳しています。参考にして英語学習に役だてましょう。

p.2 Judy Hopps is a bunny.
ジュディ・ホップスはウサギです。
She is a police officer of Zootopia.
彼女はズートピアの警察官です。

p.3 Nick is a fox.
ニックはキツネです。
He tricks Judy.
彼はジュディをだまします。

p.5 Mr. Otterton is an otter.
オッタートンはカワウソです。
Judy asks Nick to find Mr. Otterton together.
ジュディはニックにいっしょに探すことを頼みます。
Within 48 hours!
48時間以内に！

p.6 Judy and Nick meet the Manchas jugguar for questioning.
ジュディとニックは尋問のためにジャガーのマンチャスに会います。

p.7 Suddenly, he attacks them!
とつぜん、彼がおそってきます！
"Officer Hopps to Dispatch! Listen to me, jaguar turns savage!"
「ホップス巡査より指令課へ！ 聞いて、ジャガーが凶暴になる！」

p.9 But when Chief Bogo arrives, Manchas in not there.
しかしボゴ署長が到着すると、マンチャスはそこにいません。
Chief Bogo tells them to stop the search.
ボゴ署長は彼らに捜査をやめるよう言います。
"We still have 10 hours left to find Mr. Otterton."
「オッタートンさんを探すのに、まだ10時間のこっている」

p.10 Judy and Nick find a clue.
ジュディとニックは手がかりを見つけます。
At last, they find Mr. Otterton. Also Mayor Lionheart.
ついにオッタートンさんを見つけます。そしてライオンハート市長も。
He is arrested for kidnapping animals.
ライオンハートは動物誘拐のため逮捕されます。

p.11 Mr. Otterton and the others are saved.
オッタートンさんとそのほかの動物は保護されます。
But Judy makes Nick angry with her words.
しかしジュディはニックを彼女のことばで怒らせてしまいます。
Then he leaves her.
そして彼は彼女のもとを去ります。

p.12 Bellwether becomes mayor.
ベルウェザーが市長になります。
But Judy quits the police force.
しかしジュディは警官隊を辞めます。
Then she goes back to her hometown.
そして彼女は故郷に帰ります。

p.13 "Hey kids! Don't you run through that flowers!"
「おい、おまえたち！ その花の間を走りぬけるな！」
"The flowers are making the animals go savage. That's it!"
「その花が動物たちを凶暴にしている。それだ！」
Judy understands the truth of the case.
ジュディは事件の真偽を理解します。

p.14 Judy returns to Zootopia.
ジュディはズートピアに戻ります。
She apologizes to Nick.
彼女はニックにあやまります。
They are partners again!
彼らはもういちど、相棒になります！

p.16 Judy and Nick search for the criminal.
ジュディとニックは犯人をさがします。
They find a suspicious ram.
彼らはうたがわしい雄ヒツジを見つけます。

p.17 He makes the dangerous flowers into juice.
彼は危険な花からジュースをつくっています。

p.18 "Trust me. Speed up!"
「私を信じて。スピードを上げて！」
Judy and Nick start the train.
ジュディとニックは列車を出発させます。

p.19 "Stop the train!"
「列車を止めろ！」
"Oh no, no, no, too fast! Too fast!"
「だめだ、だめだ、だめだ、速すぎる！ 速すぎる！」

p.21 Judy and Nick escape from the ram.
ジュディとニックは雄ヒツジから逃げます。
They take the proof to Mayor Bellwether.
彼らは証拠をベルウェザー市長に持っていきます。

p.22 But the true criminal is Bellwether.
しかし、真犯人はベルウェザーです。
Bellwether shoots Nick!
ベルウェザーはニックをうちます。
He turns savage!
彼は凶暴になります！

p.23 Bellwether tells the rights of the case.
ベルウェザーは事件の真相を語ります。

p.24 Suddenly, Nick stops moving.
とつぜんニックは動きを止めます。
They record Bellwether's speech!
彼らはベルウェザーのことばを録音していたのです！

p.25 Chief Bogo and police officer come.
ボゴ署長と警察官たちがやってきます。
Bellwether is arrested.
ベルウェザーは逮捕されます。

p.26 Soon after that, Nick becomes a police officer.
それからまもなく、ニックは警察官になります。
Judy and Nick are partners ever after.
ジュディとニックはその後もずっと相棒です。

アルファベットに親しもう!

アルファベットには大文字と小文字があります。AからZまで順番に見くらべてみましょう。

大文字

A B C D E F G H I J K L M

小文字

a b c d e f g h i j k l m

アルファベットで楽しもう! アルファベット迷路

こたえは33ページにあるよ

大文字のZからAの順番にアルファベットをたどって、ニックに会いに行きましょう!

スタート

Z	z	u	k	j	w
Y	L	K	J	l	i
X	M	m	n	H	x
W	N	O	p	G	y
V	v	P	E	F	t
U	R	Q	D	f	c
T	S	s	C	B	A

ゴール

 大文字と小文字でかたちが違うものがあるぞ！

 英語で名前を書くときは、いつも大文字で書き始めます。

N O P Q R S T U V W X Y Z

n o p q r s t u v w x y z

アルファベットを探してみよう！　こたえは33ページにあるよ

下のアルファベットとイラストはどのページに出てきたかな？

Bellwether

Judy

Lionheart

Nick

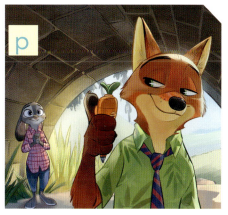
partners

Zootopia

英語のことばをおぼえよう！

英語にもいろいろなことを表現することばがあります。どんなことばがあるか見てみましょう。

動物をあらわすことば

bunny　ウサギ

fox　キツネ

lion　ライオン

sheep　ヒツジ

otter　カワウソ

jaguar　ジャガー

cat　ネコ

dog　イヌ

snake　ヘビ

tiger　トラ

mouse　ネズミ

bear　クマ

時間の単位をあらわすことば

| year 年 | month 月 | day 日 |
| hour 時間 | minute 分 | second 秒 |

職業をあらわすことば

例 police officer 警察官

"I want to be a police officer."
「私は警察官になりたい」

carpenter 大工	farmer 農場主
cook 料理人	scientist 科学者
doctor 医者	singer 歌手
driver 運転手	teacher 先生

英語で言ってみよう！

映画のセリフを使って英語で話してみましょう。

話を聞いてもらおう

"Listen to me."
「私の話を聞いて」

"listen to～"で、「～を聞く」という意味になります。聞いてもらいたいことを"listen to～"の後につけて言ってみましょう。

使ってみよう

"Please listen to me."
「どうか私の話を聞いてください」

"I like to listen to the music."
「私は、音楽を聞くのが好きです」

予想をこえたときに使おう

"Too fast!"
「速すぎる！」

"too～"と伝えることで、「～すぎる」と言うことができます。

使ってみよう

"This T-shirt is too big for me."
「このTシャツは、ぼくには大きすぎます」

"This tea is too hot!"
「このお茶は熱すぎます！」

28ページのこたえ

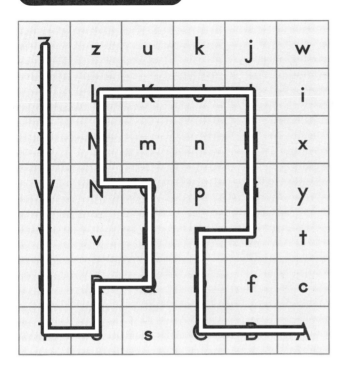

29ページのこたえ

Bellwether……12ページ
Judy……2ページ
Lionheart……10ページ
Nick……3ページ
partners……14ページ
Zootopia……2ページ

英語で楽しもう　ディズニーストーリー④
ZOOTOPIA ズートピア

発　行	2018年4月　第1刷
監　修	荒井和枝
発行者	長谷川 均
編　集	大野里紗　崎山貴弘
発行所	株式会社 ポプラ社
	〒160-8565　東京都新宿区大京町22-1
	電話　（営業）03-3357-2212　（編集）03-3357-2635
	振替　00140-3-149271
	ホームページ　www.poplar.co.jp
印刷・製本	図書印刷株式会社

●監修　荒井和枝（あらい　かずえ）
筑波大学卒。仙台市内公立中学校を経て、筑波大学附属中学校非常勤講師、平成21年より筑波大学附属小学校に勤務。小学校教育英語学会所属。

●装丁・デザイン
株式会社ダイアートプランニング　大場由紀

●編集協力
フューチャーインスティテュート株式会社　為田裕行

©2018 Disney Enterprises,Inc.
Printed in Japan
ISBN978-4-591-15750-3　N.D.C.837　32p　27cm

●落丁本・乱丁本は送料小社負担にてお取り替えいたします。小社製作部宛にご連絡下さい。
　電話0120-666-553　受付時間は月～金曜日、9:00～17:00（祝日・休日は除く）
●読者の皆様からのお便りをお待ちしています。
　いただいたお便りは、編集部から編集協力者にお渡しいたします。
●本書のコピー、スキャン、デジタル化等の無断複製は著作権法上での例外を除き禁じられています。
　本書を代行業者等の第三者に依頼してスキャンやデジタル化することは、
　たとえ個人や家庭内での利用であっても著作権法上認められておりません。

英語で楽しもう ディズニーストーリー 全5巻

かんたんな英語の文章でディズニー映画のストーリーが書かれた英語絵本です。

小学校中学年〜中学生向き N.D.C.837　AB判・各32ページ

① **FROZEN**
アナと雪の女王

② **WRECK-IT RALPH**
シュガー・ラッシュ

③ **BIG HERO 6**
ベイマックス

④ **ZOOTOPIA**
ズートピア

⑤ **MOANA**
モアナと伝説の海

【監修】荒井和枝
筑波大学附属小学校教諭

★ポプラ社はチャイルドラインを応援しています★

こまったとき、なやんでいるとき、
18さいまでの子どもがかけるでんわ
チャイルドライン
0120-99-7777
ごご4時〜ごご9時　＊日曜日はお休みです
電話代はかかりません 携帯・PHS OK